VOITURES, CAMIONS ET AVIONS

CE LIVRE DE COLORIAGE APPARTIENT À:

NOM:

____

ÂGE:

____

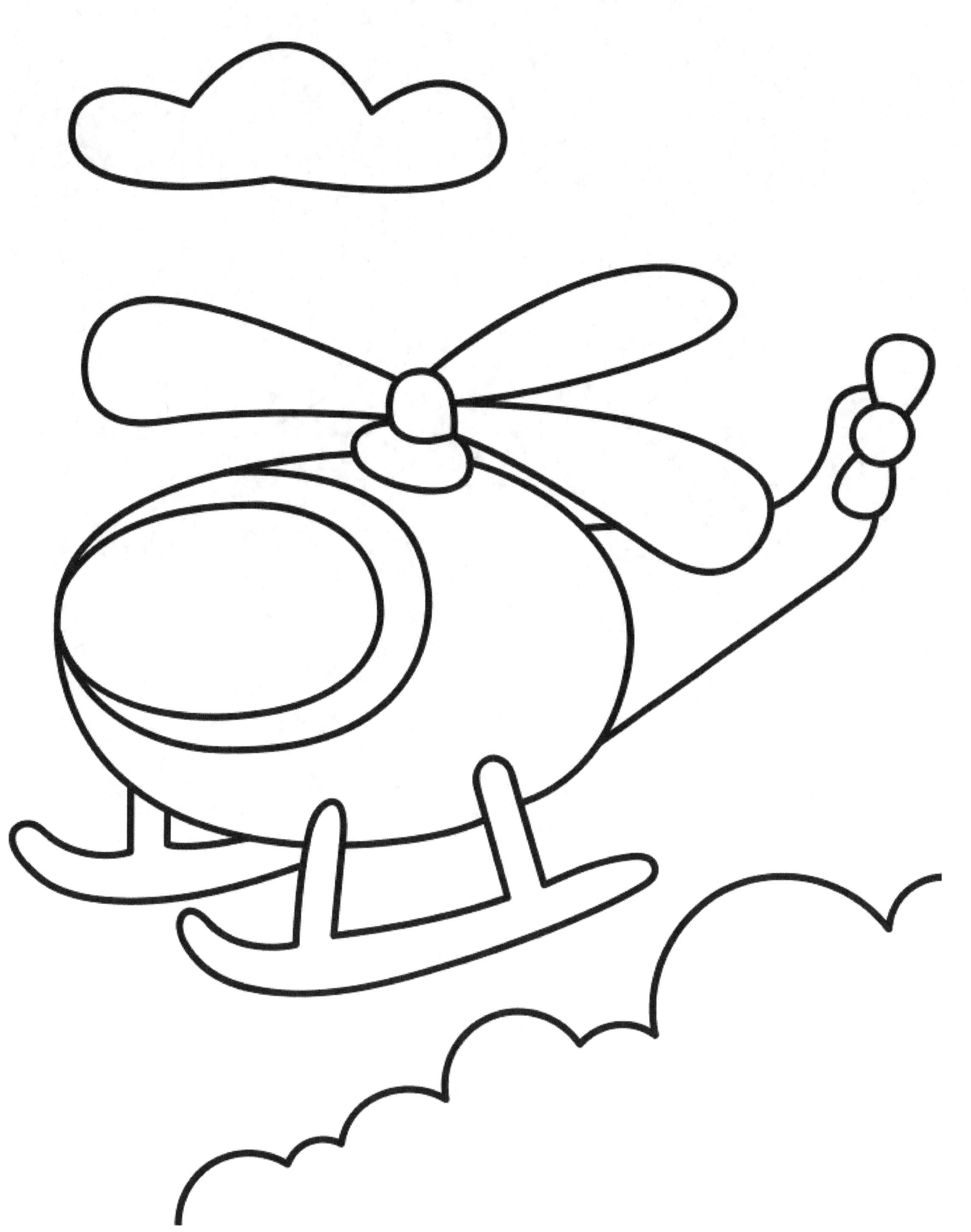

Mentions légales (Imprint)
Droits d'auteur: Nils Dreisvogt
Leppinghof 1, 44143 Dortmund, Allemagne
dani.coloring@gmail.com
(c) 2020
Tous droits réservés; aucune partie de cette publication ne peut être
reproduite ou transmise par quelque moyen que ce soit, électronique,
mécanique, par photocopie ou autre, sans l'autorisation préalable de
l'éditeur.
Comprend le contenu publié par les utilisateurs "DesignsBundles" - licences
acquises par l'intermédiaire de creativefabrica.com
Imprimé et publié par: Amazon Media EU S.à r.l., 5 Rue Plaetis, L-2338,
Luxembourg

ISBN: 9798577927462